第三套国际武术竞赛套路

南　拳

国际武术联合会　审定

INTERNATIONAL WUSHU FEDERATION

人民体育出版社

图书在版编目(CIP)数据

南拳 / 国际武术联合会审定
. –北京：人民体育出版社，2013（2021.1.重印）
(第三套国际武术竞赛套路)
ISBN 978-7-5009-4442-3

Ⅰ.①南…　Ⅱ.①国…　Ⅲ.①南拳-套路（武术）Ⅳ.①G852.131.9

中国版本图书馆 CIP 数据核字(2013)第 035486 号

*

人民体育出版社出版发行
三河兴达印务有限公司印刷
新　华　书　店　经　销

*

850×1168　32开本　5印张　89千字
2013年6月第1版　2021年1月第4次印刷
印数：7,001—8,500册

*

ISBN 978-7-5009-4442-3
定价：25.00元

社址：北京市东城区体育馆路8号（天坛公园东门）
电话：67151482（发行部）　邮编：100061
传真：67151483　邮购：67118491
网址：www.sportspublish.cn
（购买本社图书，如遇有缺损页可与邮购部联系）

《第三套国际武术竞赛套路》编委会

名 誉 主 任：于再清

名誉副主任：高小军

主　　　编：王玉龙　徐伟军

副　主　编：李小杰

编　　　委（以姓氏笔画为序）：

王二平　田　勇　代林彬

孙建明　吕小林　刘广齐

何　强（本书执笔者）

杨小华　李英奎　周丽娟

翁敦风　高楚兰

黄建刚（本书执笔者）

曾铁明　魏丹彤

前言

为了更好地普及和推广武术运动，提高运动技术水平，针对当前国际武术运动技术发展的现状，我们受国际武术联合会委托于2011年12月在中国广州组织创编了第三套国际武术竞赛套路。

第三套国际武术竞赛套路包括长拳、刀术、棍术、剑术、枪术、太极拳、太极剑、南拳、南刀、南棍。共有来自中国、美国、日本、马来西亚、中国澳门等国家和地区的15名教练员、裁判员及专家参与了创编工作。在创编过程中，参阅了大量的文献资料，听取了各方面的意见，认真总结了第一套、第二套国际武术竞赛套路的经验。按照遵循武术套路运动规律，突出项目风格特点，引领技术发展方向的原则集体创编而成。

编者

目　录

一、南拳套路简介

南派系列项目是中国武术运动的一个重要组成部分，具有强身健体、修身养性、防身自卫和怡情娱乐等功能。其内容丰富，种类繁多，流传广泛。南拳的主要风格特点是：一招一式，稳马硬桥；动作简朴，拳势刚烈；讲究桥手，腿法较少；步法灵活，身法自然；发声呼喝，助威助势。本套南拳的创编不仅采集了蔡李佛拳、洪拳、侠拳、五祖拳等传统拳种的经典动作，而且还结合当前国际武术运动技术发展的现状和竞技武术运动的需要，增加了动作难度内容，融合了八种以上不同组别的技法。其套路结构严密、布局合理、节奏明快、方法多变、衔接流畅，具有较高的竞技性和观赏性，对普及推广武术运动有着非常积极的作用和重要价值。

二、南拳套路动作名称

预备势

第一段

1. 并步抱拳
2. 震脚抱拳
3. 半马步按掌
4. 右拍脚
5. 单蝶步截桥
   （发声“嘿”）
6. 马步双挑掌伏掌
7. 马步双穿桥
8. 马步托掌沉桥
9. 马步双推单指
10. 马步双标掌沉桥
11. 独立步反撩爪
12. 换跳步抓面爪
13. 旋风脚 450°
14. 单蝶步虎爪
15. 横钉腿按掌
16. 腾空外摆腿 450°
17. 马步交叉手

第二段

18. 弓步挂盖拳
19. 插步鞭拳
20. 弓步挂盖拳
21. 退步冲拳
22. 横踩腿拨掌
23. 骑龙步横切掌
24. 弓步抛拳
    （发声“嘿”）
25. 上步连环抛拳
26. 弓步抛拳
27. 侧踹腿劈拳
28. 弓步挂盖拳
29. 弓步左右双鞭拳

30. 上步左右劈拳
31. 骑龙步左右挂拳
32. 震脚双挂拳
33. 弓步单指
（发声“的”）
34. 旋风脚 360°
35. 单蝶步截桥
36. 高虚步蛇形手
37. 腾空外摆腿 360°
38. 马步劈桥

第三段

39. 弓步双推单指
40. 弓步标掌沉桥
41. 弓步挂盖拳
42. 马步抛撞拳
43. 盖步截桥
44. 马步鞭拳
45. 半马步双弹拳
（发声“嗌”）
46. 半马步连环冲拳
47. 马步击肘
48. 高虚步鹤嘴手
49. 弓步虎爪
（发声“哇”）
50. 独立步虎爪
51. 腾空盘腿 360°侧扑
52. 剪扫侧踹腿
53. 鲤鱼打挺
54. 骑龙步抛撞拳
55. 弓步滚桥

第四段

56. 上步勒手
57. 跟步双插掌
58. 跟步双切掌
59. 拖步双托掌
60. 弓步挂劈拳
（发声“嘿”）
61. 虚步推掌冲拳
62. 并步抱拳
63. 收势

注： 此套路有 6 个动作需要发声，其中包括 3 种以上不同的发声。

三、南拳套路动作图解

注：动作图解中，实线（——▶）表示下一动作右手、右脚的运动路线，虚线（-----▶）表示下一动作左手、左脚的运动路线。

预备势

面向右前方 45°，两脚并立；两手垂于体侧；目视前方。（图 1）

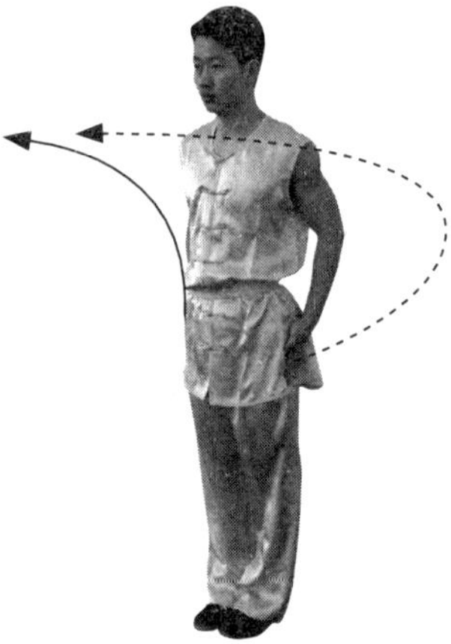

图 1

第一段

1. 并步抱拳

（1）接上势，两臂经体侧抬起向前平举，两掌掌心向下；目随右手。（图 2）

图 2

(2) 两掌握拳，随两臂屈肘收至胸前；目视右前方。(图 3、图 4)

图 3

图 4

(3) 两臂外旋，两拳经上向前下挂并顺势抱于两腰侧；目视左前方。(图 5)

图 5

要点：

双挂抱拳快速有力，协调一致。

2. 震脚抱拳

接上势，两腿微屈，随即两脚蹬地跳起下落震脚；目视左前方。（图 6—图 8）

图 6

图 7

图 8

要点：

屈膝蹬地跳起与下落震脚一气呵成，短促有力。

3. 半马步按掌

(1) 接上势，左脚向右脚前方盖步，随即右脚向左脚前方盖步，成麒麟步；同时，两拳变掌由下经上向下划弧至身体两侧，略高于肩；目视右后方。（图 9、图 10）

图 9

图 10

（2）左脚向左前方上步，身体左转，成半马步；同时，两掌下按至身体两侧；目视左前方。（图 11）

图 11

要点：

麒麟步连贯圆活，腰胯转换自然；两臂交叉划弧，按掌力达掌心。

4. 右拍脚

（1）接上势，身体左转，左脚后退一步；同时，右掌变拳向胸前横截，左掌收于左腰侧；目视右拳。（图 12）

（2）右脚向前上方弹踢；同时，左掌抡臂向右脚背击拍，右拳收于右腰侧；目视拍脚方向。（图13）

图 12

图 13

要点：

弹踢、击拍一气呵成，击拍脚面准确、短促，协调一致，弹踢脚高与肩平。

5. 单蝶步截桥（发声“嘿”）

（1）接上势，右脚向后落步；同时，右拳向胸前横截，左掌收回左腰侧；目视左前方。（图 14）

（2）左脚向后退一步，身体右转；同时，左掌向胸前拨掌，掌心斜向右上；右拳收于右腰侧；目视左前方。（图 15）

图 14

图 15

(3) 左掌内旋向左下按掌，右拳上举向左前下方外旋截桥，随即左掌护于右臂内侧；同时，左腿屈膝下蹲，右腿屈膝，小腿内侧跪地，成单蝶步；目视右前方，同时发声“嘿”。(图 16、图 17)

图 16

图 17

要点：

单蝶步与截桥同时完成，截桥须由上往下外旋发力，力达右前臂，发声浑厚响亮。

6. 马步双挑掌伏掌

（1）接上势，右脚向后退一步，上体左转；同时，右拳变掌与左掌一齐收于左腰侧，右掌在上，两掌心向上；目随视两掌。（图 18）

（2）左脚内扣，两腿屈膝半蹲，上体右转，胸向前，成马步；同时，两掌向胸前双挑掌，掌心向上，高与肩平；目视前方。（图 19）

图 18

图 19

（3）上体右转，两掌收于右腰侧，左掌在上，两掌心向上；随即上体左转，胸向前，两掌向前下方伏掌，掌心向下；目视前方。（图 20、图 21）

图 20

图 21

要点：

以腰带臂，以臂带掌，发力短促迅猛；挑掌由下向上挑，两臂外旋，力达指尖；伏掌由上往下按，两臂内旋，力达掌心，马步稳健。

7. 马步双穿桥

接上势，两掌由下向上胸前交叉，左掌在内，两掌心向里，随即向前双穿桥；目视前方。（图22、图23）

图 22

图 23

要点：

两腕交叉臂外旋，穿桥两臂内旋，沉肩坠肘，力达两掌小指侧，马步稳健。

8. 马步托掌沉桥

接上势，右掌变拳，左掌平托右拳经右腰侧绕摆至胸前，随即右拳变掌与左掌同时向两侧抖动分开内旋沉桥立掌，约与肩同宽；目视前方。（图24—图27）

图 24

图 25

图 26

图 27

要点：

左掌平托右拳，从右腰侧沉稳前推，两手抖动分开迅疾；沉桥时以腕为轴，两臂内旋下沉，力达前臂，马步稳健。

9. 马步双推单指

(1) 接上势，两掌变单指手，随两臂屈肘上抬至两肩上；目视左肘。(图 28、图 29)

图 28

图 29

（2）两肘下沉，两单指手收于两胸侧，随即发劲缓慢前推；目视前方。（图 30、图 31）

图 30

图 31

要点：

两臂屈肘上抬至两肩上方，两臂稍内收，推指缓慢沉稳有力，马步稳健。

10. 马步双标掌沉桥

接上势，两单指手随两臂屈肘上抬至两肩上方，两单指手变掌向下划弧收于两腰侧，随即向前标掌沉桥；目视前方。（图 32—图 35）

图 32

图 33

图 34

图 35

要点：

直臂标掌，短促有力，力达指尖；沉桥时抖腕迅速，力达前臂，马步稳健。

11. 独立步反撩爪

接上势，右脚向左前方上一步，重心前移至右腿，左腿提膝，成右独立步；身体约左转 90°；同时，右掌变拳收于右腰侧，左掌变虎爪由上向左下划弧反撩爪；目视左虎爪。（图 36、图 37）

图 36

图 37

要点：

上步、转体连贯紧凑，提膝与反撩爪协调一致，力达爪指。

12. 换跳步抓面爪

接上势，左脚向右脚前落步，随即左脚蹬地跳起腾空，右脚顺势提起；同时，右拳变虎爪由下经上划弧收于右腰侧，随即左虎爪由下经上划弧向前抓面爪；目视左虎爪。（图 38、图 39）

图 38

图 39

要点：

腾空轻灵；左脚落步与右虎爪划弧上下协调一致，换跳步与抓面爪须在腾空中一气呵成。

13. 旋风脚 450°

(1) 接上势，两脚依次落步，左脚在前；同时，两虎爪不变；目视左前方。(图 40)

(2) 右脚上步；同时，左虎爪变掌下按，右虎爪变拳自然摆至身后；目视左前方。(图 41)

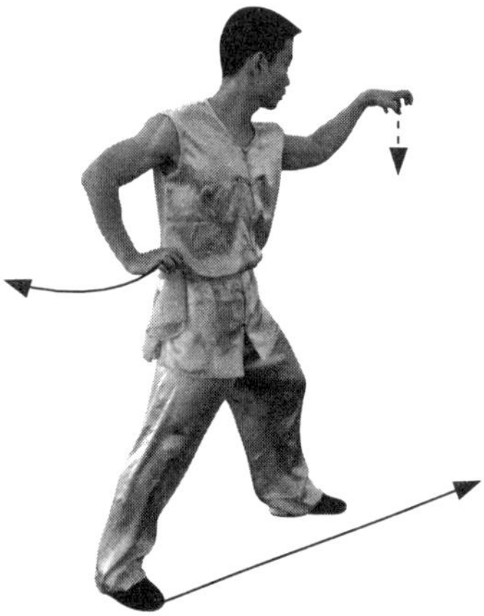

图 40

图 41

(3) 左脚、右脚相继上步（2步），右脚蹬地腾空旋风脚450°；同时，左掌击拍右脚掌，右拳自然抡摆；目视拍脚方向。（图42—图44）

图42

图43

图 44

要点：

蹬地起跳后，空中立身向左后方快速转体450°，旋风脚击拍响亮，击拍脚高于肩。

14. 单蝶步虎爪

接上势，两脚落地时，左脚掌着地，左腿屈膝下蹲，右腿屈膝，右小腿内侧跪地，成单蝶步。同时，右拳变虎爪向前抓面爪，左掌变虎爪收于左腰侧；目视右虎爪。（图 45）

图 45

要点：

落地时单蝶步与右抓面爪完整一致，力达爪指。

15. 横钉腿按掌

⑴ 接上势，身体微立起；右脚踩实，两腿屈膝半蹲；同时，两手型不变；目视前方。（图 46）

⑵ 左脚向左横跨一步，右后脚跟提起；身体左转；同时，右虎爪变拳向左侧顺摆，左虎爪变掌向左胯侧下按；目视前方。（图 47）

图 46

图 47

（3）右腿由右向左横钉腿，左腿支撑微屈；同时，左拳变掌向前按掌，右拳自然摆至身后；目视横钉腿。（图48）

图48

要点：

横钉腿与按掌发力完整一致，向异侧钉腿快速有力，力达脚掌外沿，高不过胸。

16. 腾空外摆腿 450°

（1）接上势，右脚向右侧落步，上体微左转；同时，右拳由右向左横扫至左胯侧，拳心向下；左掌护于右胸前。（图 49、图 49 附图）

图 49

图 49 附图

（2）随即两脚一齐蹬地腾空外摆腿 450°；同时，左掌击拍右脚面，右拳变掌自然旋摆；目随视右脚。（图 50）

图 50

要点：

蹬地起跳后，空中立身向右后方快速转体 450°，腾空外摆腿击拍响亮，击拍脚脚尖高于肩。

17. 马步交叉手

接上势，两脚一齐落地，两腿屈膝，成马步；同时，左掌、右拳交叉至胸前，左掌在内；目视前方。（图 51）

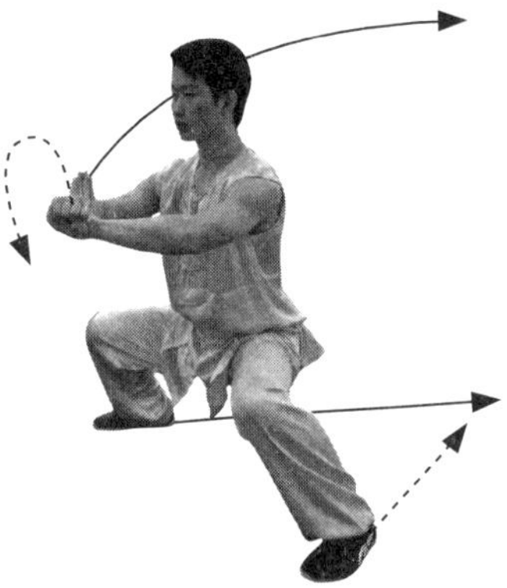

图 51

要点：

马步与交叉手完整一致。

第二段

18. 弓步挂盖拳

（1）接上势，右脚向右后撤一步，随即左脚向右脚并拢，前脚掌着地；同时，右拳变掌，与左掌在体前划弧握拳摆至身体两侧。（图 52）

图 52

（2）左脚向左前方上步，左腿屈膝前弓，随即右腿蹬直，成左弓步；身体左转；同时，左拳由下经上划弧向前下挂拳至身后，右拳由下经上划弧向前下盖拳至左腿外侧；目视前方。（图 53、图 54）

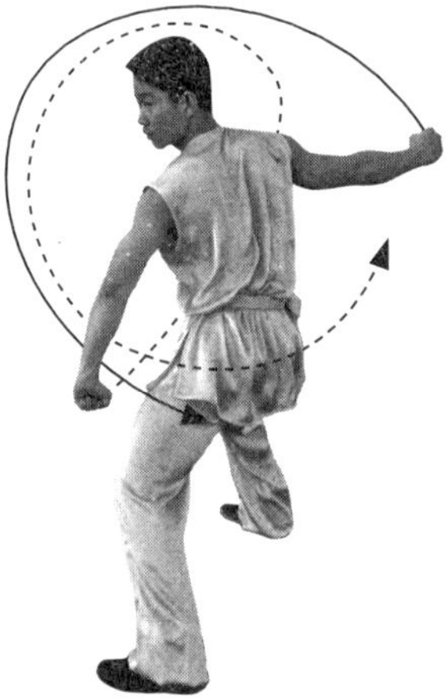

图 53

图 54

要点：

弓步拧腰转胯蹬腿；挂盖拳连贯发力，挂拳力达拳背、盖拳力达拳面。

19. 插步鞭拳

接上势，右脚向右前方上步，身体左转，随即左脚向右脚后插步；同时，右臂屈肘摆至左胸前，由左向右鞭拳，高与肩平；左拳变掌顺势摆至右胸前；目视右鞭拳。（图 55、图 56）

图 55

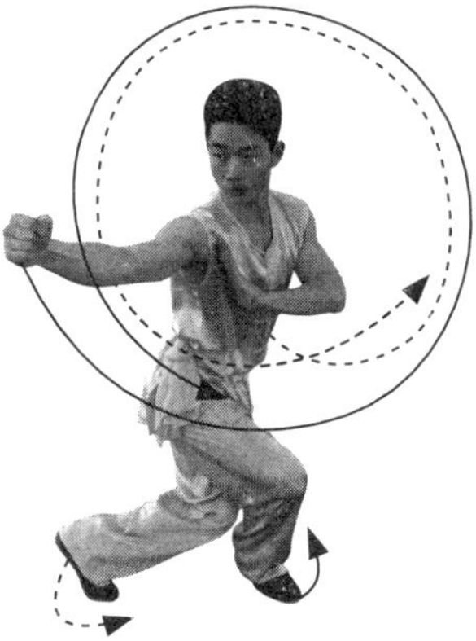

图 56

要点：

插步与鞭拳完整一致，鞭拳时，右臂由屈到伸，发力短促，力达拳背。

20. 弓步挂盖拳

接上势，身体左后转 270°；左腿屈膝前弓，随即右腿蹬直，成左弓步；同时，左掌变拳由下经上划弧随转体向前下方挂拳至身后，右拳由下经上划弧向前下方盖拳至左腿外侧；目视前方。（图 57）

图 57

要点：

弓步拧腰转胯蹬腿与挂盖拳连贯发力，完整一致，挂拳力达拳背，盖拳力达拳面。

21. 退步冲拳

（1）接上势，右脚向右前跨一步，随即左脚向右脚后插步；同时，右拳与左拳随两臂屈肘依次在胸前右左格挡；目随视两拳。（图 58、图 59）

图 58

图 59

(2) 右脚向右侧撤一步，上体左转；同时，右拳向右前方冲拳，拳心向下；左拳收于左腰侧；目视右拳。(图 60)

图 60

要点：

右左格挡与脚移动协调一致，格挡力达前臂，退步与冲拳完整一致。

22. 横踩腿拨掌

接上势，两拳变掌由下经上划弧拨掌收于右胸前；同时，右腿屈膝，右脚由右向左下方横踩腿；目视横踩腿。（图 61、图 62）

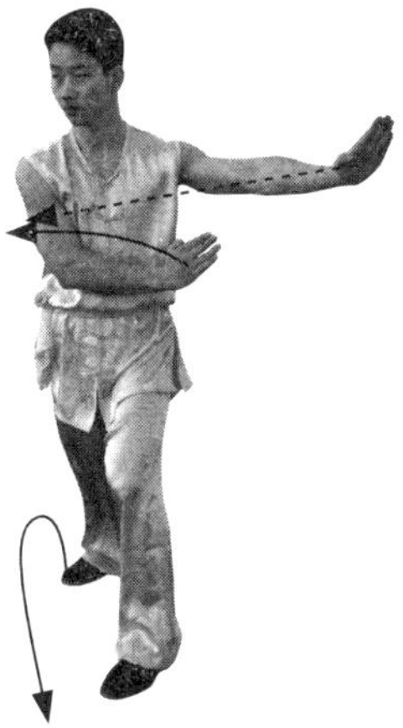

图 61

图 62

要点：

横踩腿由屈到伸，快速有力，力达脚掌；横踩腿与拨掌同时发力。

23. 骑龙步横切掌

接上势，右脚顺势向右后方撤步，左腿屈膝前弓，右腿屈膝外撑，脚跟提起，成骑龙步；同时，两掌向左横切，右掌心向上，左掌心向下；目视前方。（图 63）

图 63

要点：

骑龙步与横切掌完整一致，力达两掌外沿。

24. 弓步抛拳（发声“嘿”）

接上势，右脚向右前方跨一步，右腿屈膝前弓，随即左腿蹬直，成右弓步；身体右转；同时，右掌上摆至头前上方，左掌自然摆至身体左侧；随即右掌变拳随转体由上经下划弧摆至身后，左掌变拳由上经下向上划弧抛拳；目视左前方，同时发声“嘿”。（图 64、图 65）

图 64

图 65

要点：

弓步拧腰转胯蹬腿；抛拳快速有力，弓步与抛拳协调一致，力达拳眼，发声浑厚响亮。

25. 上步连环抛拳

（1）接上势，左脚、右脚相继向前上步；同时，左拳自然下摆，右拳由后经下向前上划弧抛拳。（图 66、图 67）

图 66

图 67

（2）左脚向左前方上步；同时，右拳自然下摆，左拳由下向上划弧抛拳。（图 68）

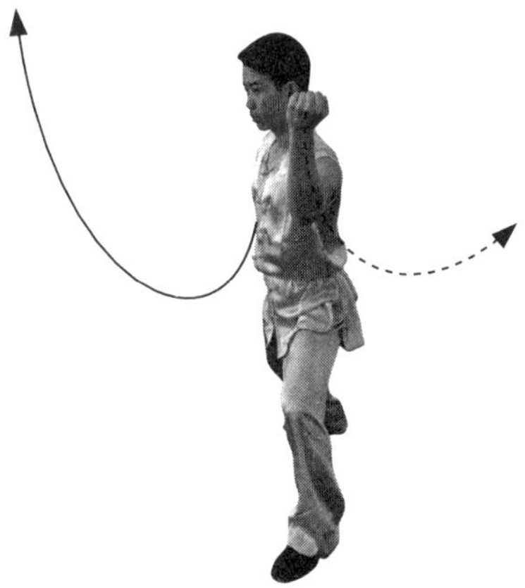

图 68

要点：

上步与连环抛拳紧凑、连贯、协调，力达拳眼。

26. 弓步抛拳

接上势，左腿屈膝前弓，右腿蹬直，成左弓步；上体左转；同时，右拳由后经下向前上方划弧抛拳，左拳自然下摆至身后；目视右前方。(图69)

图 69

要点：

弓步拧腰转胯蹬腿与抛拳完整一致，快速有力，力达拳眼。

27. 侧踹腿劈拳

（1）接上势，左脚向右脚前盖步；同时，两拳交叉收至胸前；目视右前方。（图 70）

（2）右腿由屈到伸侧踹，上体向左侧倾；同时，两拳向身体两侧横劈拳；目视侧踹腿。（图71）

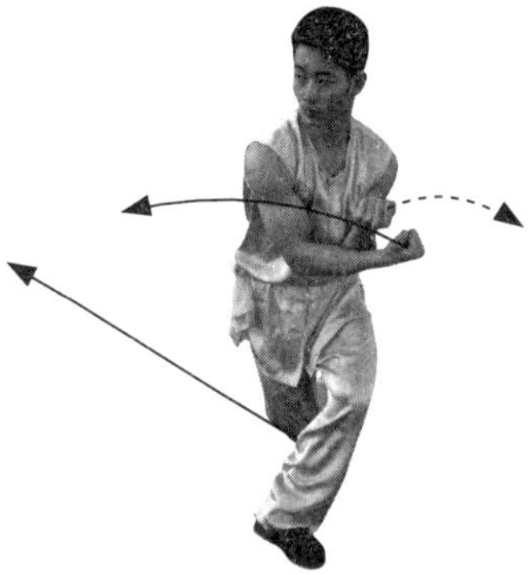

图 70

图 71

要点：

踹腿与劈拳同时发力，侧踹腿力达右脚掌，高于右肩。

28. 弓步挂盖拳

接上势，右脚向左脚前下落换跳步，身体左后转约 270°；随即左脚上步，左腿屈膝前弓，右腿蹬直，成左弓步；同时，左拳由下经上随转体向前下划弧挂拳至身后，右拳由下经上向前下方划弧盖拳至身体左前下方；目视右前方。（图72、图 73）

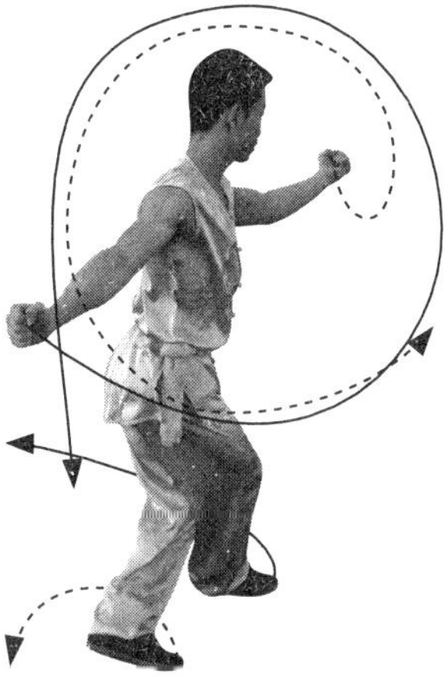

图 72

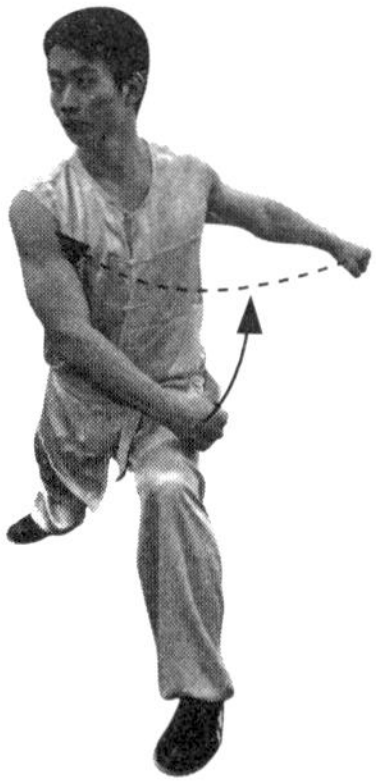

图 73

要点：

换跳步轻巧，转身敏捷，同时挂盖拳连贯发力，挂拳力达拳背，盖拳力达拳面。

29. 弓步左右双鞭拳

（1）接上势，两臂交叉收于胸前，左臂在上，随即向身体两侧鞭拳；目视右前方。（图 74、图75）

图 74

图 75

⑵ 身体右转；右腿屈膝前弓，左腿蹬直，成右弓步；同时，两臂随转体交叉收于胸前，右臂在上，随即向身体两侧鞭拳；目视左前方。（图 76、图 76 附图、图 77）

图 76

图 76 附图

图 77

要点：

弓步拧腰转胯蹬腿，转换灵巧快速，鞭拳力达拳背。

30. 上步左右劈拳

（1）接上势，左脚向左前方上步，身体左转；同时，右拳由后向左前斜下方劈拳，左拳变掌上架至头左上方；目视右劈拳。（图 78）

图 78

（2）右脚向右前方上步，身体右转；同时，左掌变拳由上向右前斜下方劈拳；右拳变掌上架至头右上方；目视左劈拳。（图 79）

图 79

要点：

上步与劈拳同时发力，力达拳轮。

31. 骑龙步左右挂拳

（1）接上势，身体左转；左腿屈膝前弓；右腿屈膝外撑，脚跟提起，成骑龙步；同时，右掌变拳由上向下挂拳，左拳变掌上架至头左上方；目视右挂拳。（图 80）

图 80

（2）身体右转；右腿屈膝前弓；左腿屈膝外撑，脚跟提起，成骑龙步；同时，左掌变拳由上向下挂拳，右拳变掌上架至头右上方；目视左挂拳。（图81）

图 81

要点：

骑龙步左右挂拳转换灵活，力达拳背。

32. 震脚双挂拳

接上势，身体左移，左脚踩实；右掌变拳与左拳同时下摆，随即两拳由下经上向下划弧挂拳；同时，两脚蹬地跳起，并脚下落震脚；目视前方。(图 82、图 83)

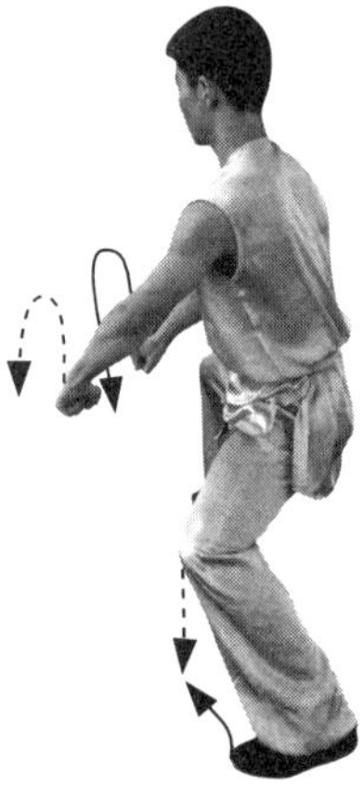

图 82

图 83

要点：

蹬地跳起下落短促，屈膝震脚有力，双挂拳力达拳背。

33. 弓步单指（发声“的”）

（1）接上势，右脚向右跨一步，两腿屈膝半蹲；同时，左拳变单指手与右拳交叉收至胸前，左单指手在内。（图 84）

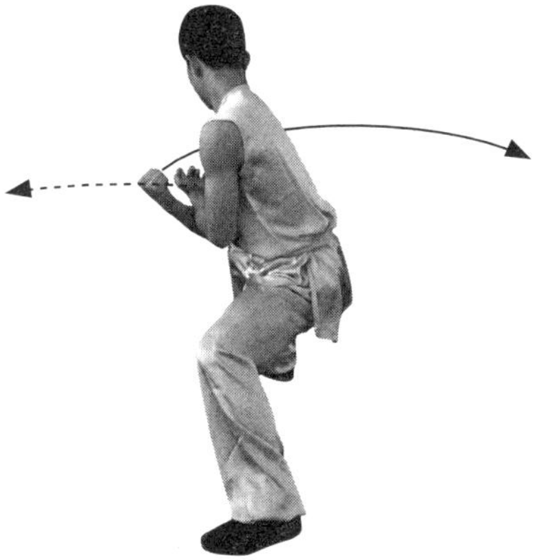

图 84

(2) 身体右转；右腿屈膝前弓，左腿蹬直，成右弓步；同时，左单指手前推，右拳旋摆至身体右侧；目视左前方，同时发声“的”。(图85)

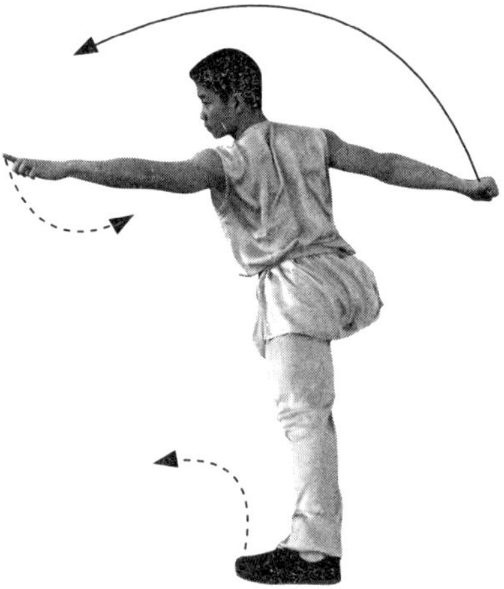

图85

要点：

弓步拧腰转胯蹬腿协调一致；左单指手与右拳同时发力，发声浑厚响亮。

34. 旋风脚 360°

(1) 接上势，左脚向前上步；同时，左单指手变掌与右拳自然抡摆。(图 86)

图 86

(2) 右脚上步蹬地腾空旋风脚 360°；同时，左掌击拍右脚掌，右拳自然抡摆。（图 87、图 88）

图 87

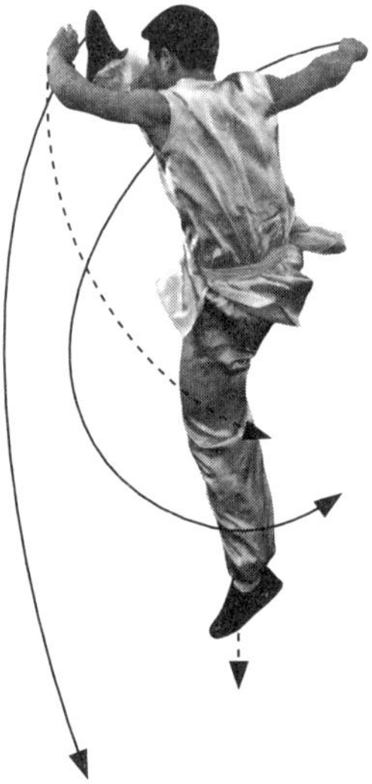
图 88

要点：

蹬地起跳后，空中立身向左后方快速转体 360°，旋风脚击拍响亮，击拍脚高于肩。

35. 单蝶步截桥

接上势，两脚落地时，左脚掌着地，左腿屈膝下蹲，右腿屈膝，右小腿内侧跪地，成单蝶步；同时，右拳由上向下截桥，左掌护于右臂内侧；目视右前方。（图 89）

图 89

要点：

落地时单蝶步与截桥完整一致，截桥由上往下外旋发力，力达右前臂内侧。

36. 高虚步蛇形手

（1）接上势，右脚向右前方上步，上体右转；同时，左掌变蛇形手在体前由下经上向下划弧下按，右拳收于右腰侧；目视右下方。（图 90）

图 90

（2）左脚向左前方上步，脚尖点地，上体左转，成高虚步；同时，右拳变蛇形手前插，左蛇形手下按；目视右蛇形手。（图 91）

图 91

要点：

上体左转与左脚尖点地、右蛇形手前插完整一致，蛇形手力达指尖。

37. 腾空外摆腿 360°

接上势，身体重心左移；左脚踩实，随即两脚一齐蹬地腾空外摆腿 360°；同时，左蛇形手变掌击拍右脚面，右蛇形手变掌自然旋摆。（图 92、图 93）

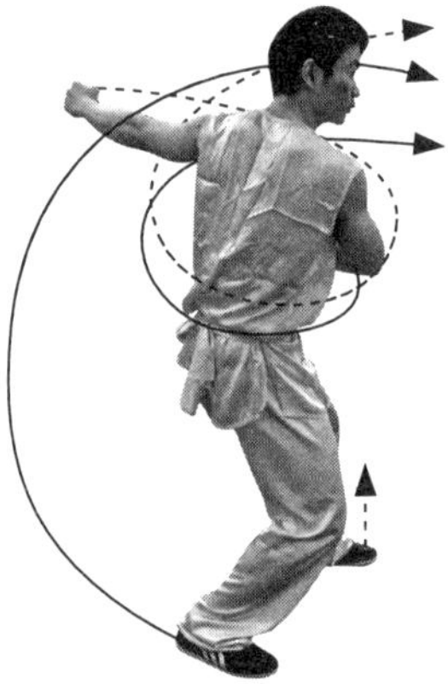

图 92

图 93

要点：

蹬地起跳后，空中立身向右后方快速转体 360°，腾空外摆腿击拍响亮，击拍脚脚尖高于肩。

38. 马步劈桥

接上势，两脚一齐落地，两腿屈膝，成马步；同时，右掌变拳向身体右侧劈桥，拳心向下；左掌收于右胸前；目视右前方。（图 94）

图 94

要点：

马步与劈桥完整一致，劈桥力达右前臂外侧。

第三段

39. 弓步双推单指

（1）接上势，身体左转；右脚向右前方上步，右腿屈膝前弓，左腿蹬直，成右弓步；同时，右拳变掌与左掌在体前由下经上向下划弧至胸前两侧变单指手；两臂屈肘，高与肩平；目视左前方。（图95、图96）

图 95

图 96

（2）两肘下沉，两单指手向身体两侧发劲缓慢推指；目视左单指手。（图 97、图 98）

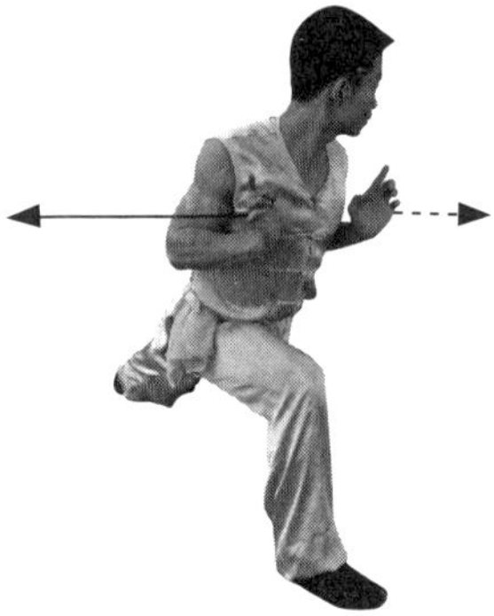

图 97

图 98

要点：

双推单指缓慢沉稳有力。

40. 弓步标掌沉桥

接上势，两单指手变掌向身体两侧标掌沉桥；目视左前方。（图 99、图 100）

图 99

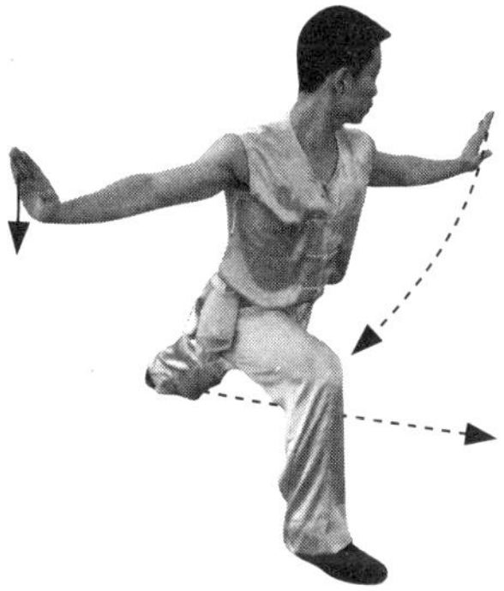

图 100

要点：

直臂标掌，短促有力，力达指尖；沉桥时抖腕迅速，力达前臂。

41. 弓步挂盖拳

接上势，左脚向前上步，左腿屈膝前弓，右腿蹬直，成左弓步；身体左转；同时，左掌变拳向下经上向前下方划弧挂拳至左侧身后，右掌变拳向下经上向前下方划弧盖拳至身体左侧；目视前方。（图101、图 102、图 102 附图）

图 101

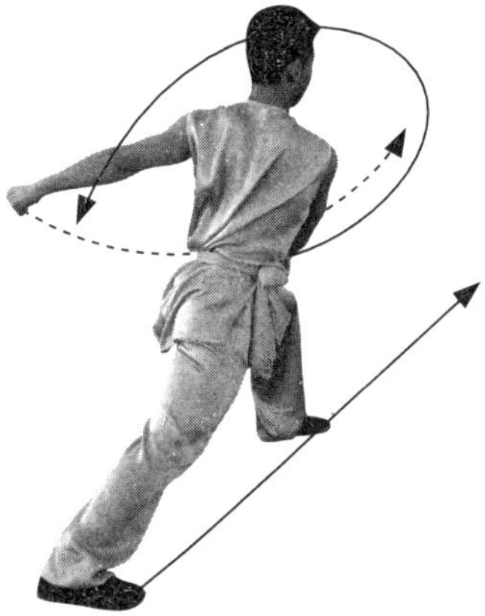

图 102

图 102 附图

要点：

弓步拧腰转胯蹬腿协调一致；挂盖拳连贯发力，挂拳力达拳背，盖拳力达拳面。

42. 马步抛撞拳

（1）接上势，右脚向前上一步；同时，左拳变掌向前撩掌，右拳顺势抡摆至右侧身后；目视前方。（图 103）

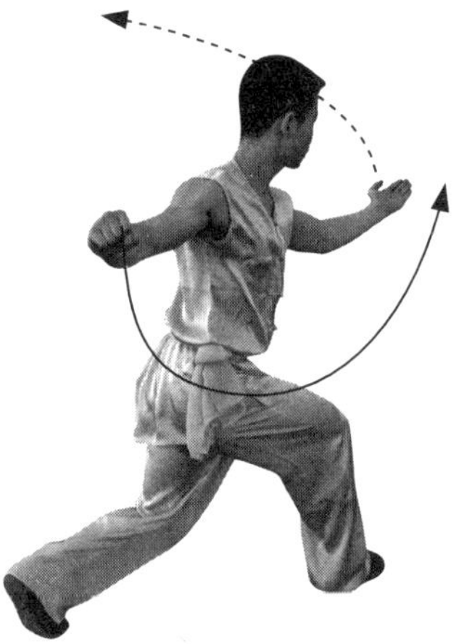

图 103

（2）身体左转，两腿屈膝半蹲，成马步；同时，右拳由后经下向上划弧抛撞拳，左掌顺势上架至头左上方；目视右前方。（图 104）

图 104

要点：

马步拧腰沉胯完整一致；抛撞拳经体右侧上抛，力达拳面。

43. 盖步截桥

接上势，重心左移，随即右脚向左前盖步；同时，右拳、左掌顺势摆至左侧，随即右拳向右下方截桥，左掌护于右胸前；目视右前方。（图 105、图 106、图 106 附图）

图 105

图 106

图 106 附图

要点：

盖步与截桥协调一致，截桥右臂微屈，前臂内旋发力，力达右前臂外侧。

44. 马步鞭拳

接上势，身体左后转 180°；两腿屈膝，成马步；同时，两手随转体于胸前交叉，左掌变拳向身体左侧鞭拳，右拳变掌护于左胸前；目视左前方。（图 107、图 108）

图 107

图 108

要点：

转身敏捷快速，同时鞭拳随转体连贯发力，力达拳背。

45. 半马步双弹拳（发声“嗌”）

（1）接上势，左脚向前上一步，身体左转 90°；同时，左拳变掌与右掌向外、向前划弧交叉于体前；目视前方。（图 109）

图 109

（2）左脚向前垫步，随即右腿提膝，右脚向前跨落步，两腿屈膝下蹲，成半马步；身体继续左转90°；同时，两掌变拳收至胸前，然后迅速向右前双弹拳，右拳在上；目视右前方，同时发声“嗌”。（图 110、图 110 附图、图 111、图 111 附图）

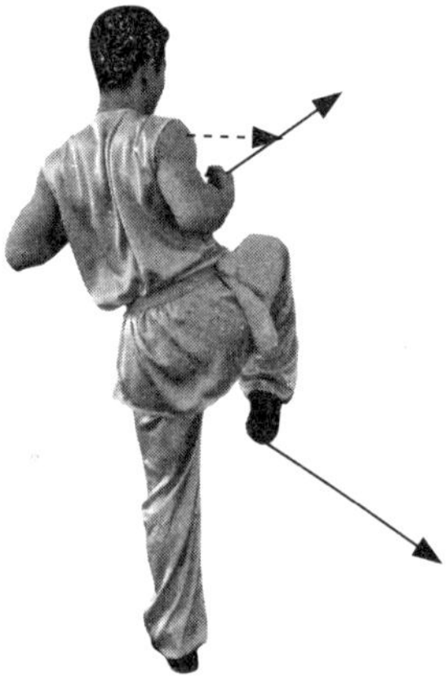

图 110

图 110 附图

图 111

图 111 附图

要点：

左脚垫步轻灵，跨步快速敏捷，半马步与双弹拳同时完成，发声浑厚响亮。

46. 半马步连环冲拳

接上势，左拳、右拳、左拳向右前方连环冲拳，拳心向下；目视右前方。（图112—图114）

图 112

图 113

图 114

要点：

连环冲拳快速有力，一气呵成，力达拳面。

47. 马步击肘

接上势，右脚上步内扣，左脚微拖步，上体微左转，成马步；同时，右臂屈肘向右前横击肘，左拳变掌护于右臂外侧；目视右肘尖。（图 115、图 115 附图）

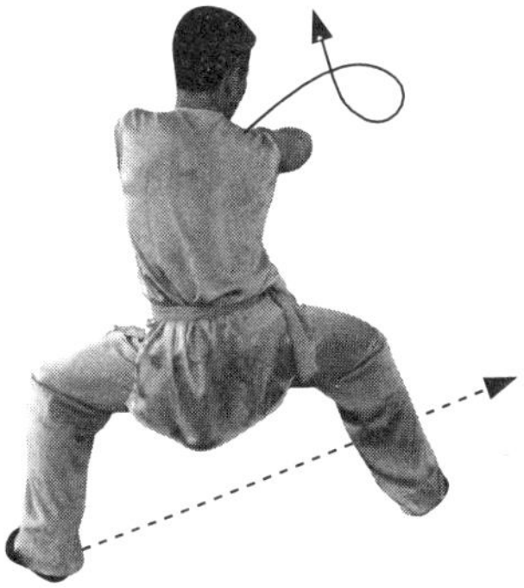

图 115

图 115 附图

要点：

马步拧腰沉胯与击肘协调一致；击肘短促有力，力达右前臂外侧。

48. 高虚步鹤嘴手

（1）接上势，左脚向左前方上步，身体右转；同时，右拳变掌以腕为轴沿顺时针绕转一周，左掌收于左腰侧；目视右掌。（图 116）

图 116

（2）右脚向前上步，脚尖点地，成高虚步；身体右转；同时，左掌变鹤嘴手向前上方啄击，右掌变鹤嘴手随右臂屈肘收至右胸前；目视左鹤嘴手。（图 117）

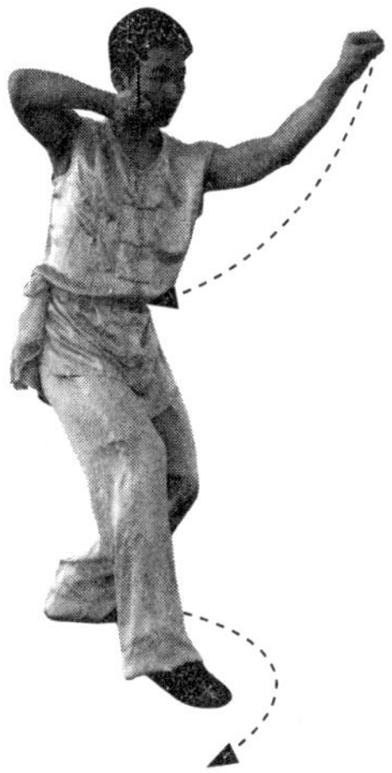

图 117

要点：

右掌体前划弧变鹤嘴手迅疾回拉至右胸前，左鹤嘴手迅速啄击，力达指尖。虚步与鹤嘴手上下一致，同时完成。

49. 弓步虎爪（发声“哇”）

（1）接上势，左脚向右脚前方盖步，随即右脚向左脚前方盖步，成麒麟步；同时，两鹤嘴手变虎爪，左虎爪收于左腰侧，右虎爪随右臂屈肘托至右肩上方；随即左虎爪随左臂屈肘托至左肩上方，右虎爪收于右腰侧；目随视左右方。（图118、图119）

图 118

图 119

图 120

(2) 左脚向左前方上步，成半马步；同时，左虎爪下按至左膝上方；目视左前方。(图 120)

（3）身体左转；左腿屈膝前弓，右腿蹬直，成左弓步；同时，右虎爪迅速前推抓面爪，左虎爪护于右肘下方；目视前方，同时发声“哇”。（图121、图121附图）

图121

图121附图

要点：

麒麟步连贯圆活，腰胯转换自然；弓步与虎爪完整一致，力达爪指，发声浑厚响亮。

50. 独立步虎爪

（1）接上势，右脚向前上一步，上体右转；同时，左虎爪由下经上向下划弧下按，右虎爪收于右腰侧；目视左虎爪。（图 122）

图 122

(2) 上体左转；左腿提膝，右腿独立支撑，成独立步；同时，右虎爪前推抓面爪，左虎爪随左臂屈肘收至左胸前；目视右虎爪。（图 123、图 123 附图）

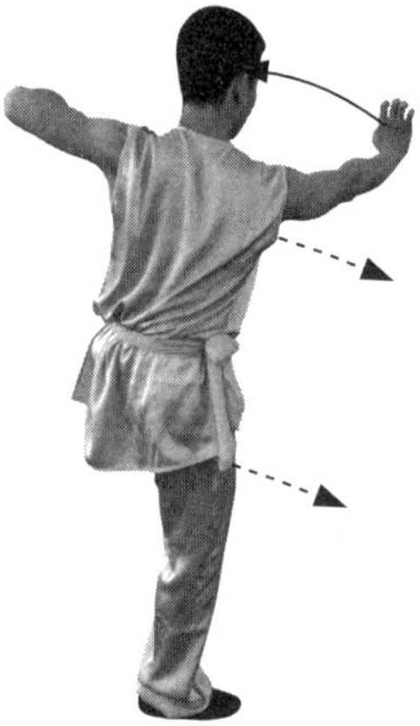

图 123

图 123 附图

要点：

独立步支撑稳固，左臂屈肘平抬，高与肩平，提膝与虎爪协调一致，力达爪指。

51. 腾空盘腿 360°侧扑

（1）接上势，左脚、右脚相继向前上步（两步），随即右脚蹬地腾空盘腿 360°侧扑；同时，两臂自然抡摆。（图 124—图 126）

图 124

图 125

图 126

(2) 身体左侧着地；左腿屈膝贴地，右腿自然伸直；同时，两手扑地；目视右前方。（图127、图 127 附图）

图 127

图 127 附图

要点：

蹬地起跳后，空中立身向左后快速转体360°，左腿屈膝，右腿快速里合；身体左侧与左前臂、右掌同时着地，上体微抬起。

52. 剪扫侧踹腿

接上势，右腿屈膝，左腿伸直交剪；随即左腿屈膝，右腿向右上方侧踹；目视右前方。（图128、图128附图、图129、图129附图）

图128

图128附图

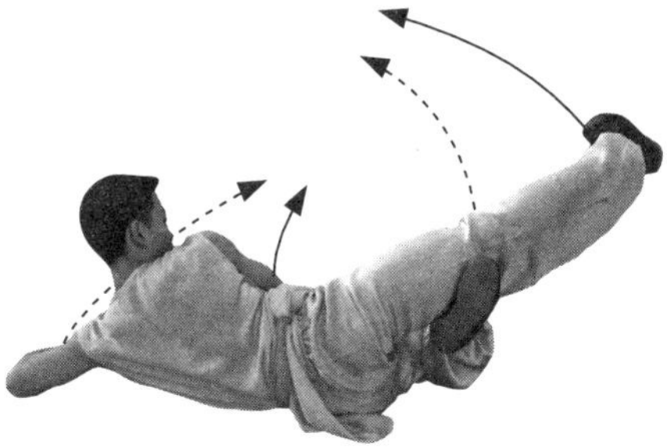

图 129

图 129 附图

要点：

剪扫时，右腿屈膝，左腿伸直；侧踹时左腿屈膝，右腿侧踹力达右脚掌。

53. 鲤鱼打挺

（1）接上势，身体右转，肩背贴地，屈髋收腹；两腿自然摆直；同时，两手扶大腿。（图130）

（2）两腿向前、向下弹伸下打，身体向前跃起；随即两腿屈膝下蹲；同时，两手拍地；目视前下方。（图 131）

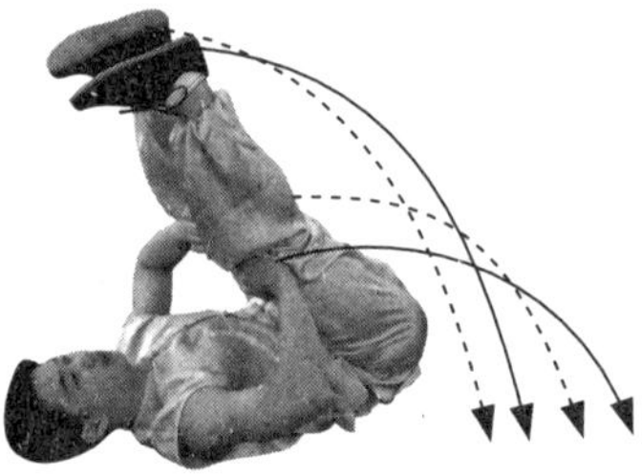

图 130

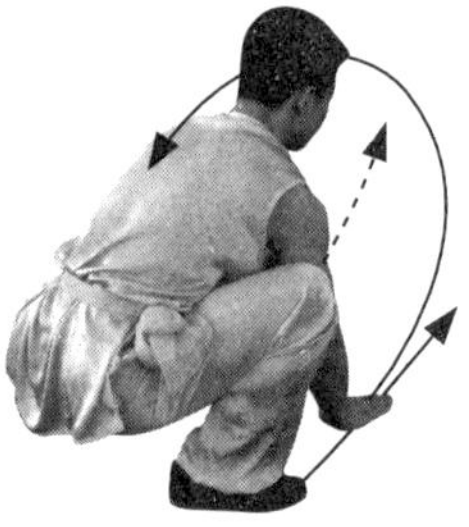

图 131

要点：

两腿下打时迅速挺腹，两脚着地略宽于肩。

54. 骑龙步抛撞拳

接上势，右脚上步，右腿屈膝前弓；左腿屈膝外撑，脚跟提起，成骑龙步；同时，右掌变拳由下经上划弧向下、向前上抛撞拳，左掌护于右前臂内侧；目视右前方。（图 132、图 133）

图 132

图 133

要点：

右拳在身右侧划立圆抛撞，力达拳面。上步、抛撞拳衔接紧凑。

55. 弓步滚桥

（1）接上势，身体左转 180°；右脚内扣，随即左脚向右脚并拢，脚掌着地；同时，左掌在右臂下方穿掌至身体左侧，右拳收于右腰侧；目视左前方。（图 134）

图 134

（2）左脚向左侧跨一步，左腿屈膝前弓，右腿蹬直，成左弓步；同时，右前臂内旋向右下方滚桥，左掌变虎爪架于头左上方；目视右前方。（图135、图136）

图 135

图 136

要点：

弓步与滚桥完整一致，力达右前臂内侧。

第四段

56. 上步勒手

（1）接上势，上体右转；同时，左虎爪变掌平托于体前，右拳变掌收于右腰侧；目视前方。（图 137）

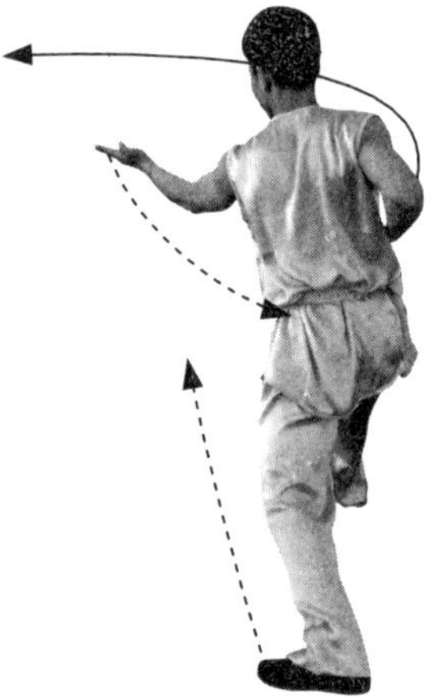

图 137

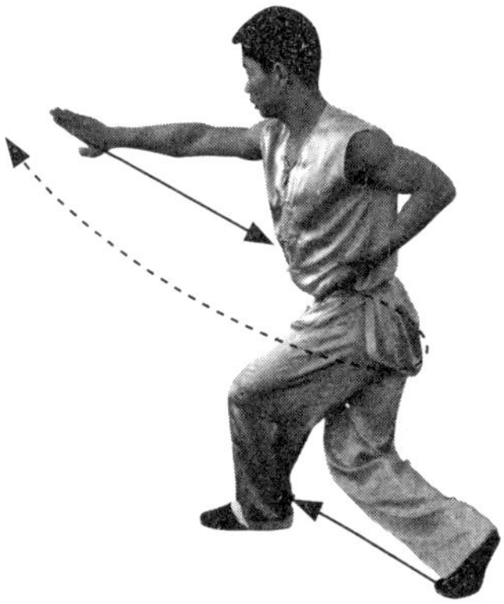

图 138

（2）左脚向右脚前方上步；同时，右掌向上绕摆至体前，左掌收于左腰侧；目随视右掌。（图138）

（3）右脚向左脚并拢，脚掌着地；同时，左掌平绕摆至体前握拳，右掌变拳收于右腰侧；目视前方。（图 139）

图 139

要点：

上步勒手缓慢沉稳，协调一致。

57. 跟步双插掌

（1）接上势，右脚、左脚相继向前上步，身体左转；同时，左拳收于左腰侧，右拳向体前平绕摆收于左腰侧，右拳在上，两拳心向上。（图 140、图 141）

图 140

图 141

（2）右脚向前上步，随即左脚跟步；身体右转90°；同时，两拳变掌交叉向前双插掌，右掌在上；目视前方。（图 142）

图 142

要点：

上步连贯快速，转腰顺活自然；双插掌短促有力，力达指尖。

58. 跟步双切掌

（1）接上势，右脚向右前方上步，身体右转；同时，右掌收至身体右侧，左掌收于右胸前；目视右掌。（图 143、图 143 附图）

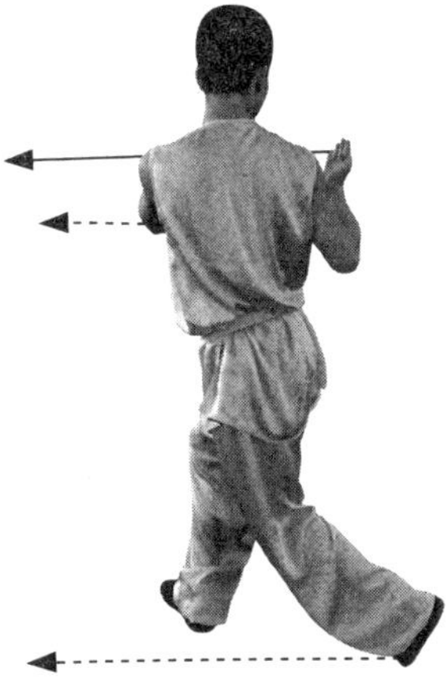

图 143

图 143 附图

（2）左脚向前上步，随即右脚跟步；身体左转90°；同时，两掌向前双切掌；目视前方。（图144）

图 144

要点：

上步、跟步紧凑，以腰带动两臂向前切掌，双切掌短促有力，力达掌外沿。

59. 拖步双托掌

接上势，左脚向前上步，两掌向两侧打开；随即右脚向前上步，左脚拖步；同时，两掌由身体两侧经下向前下方双托掌；目视前方。（图 145、图146）

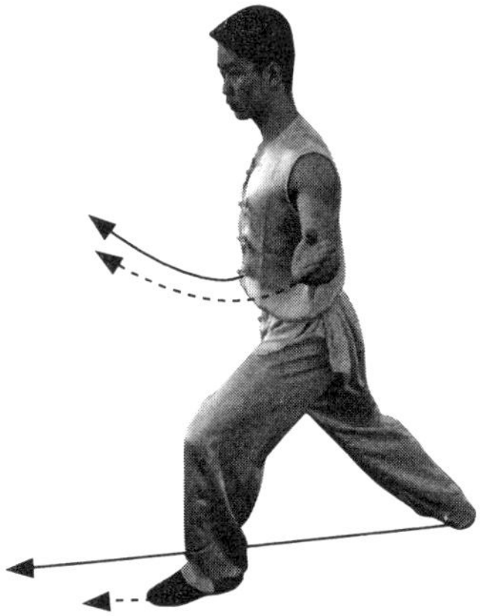

图 145

图 146

要点：

上步、拖步与双托掌上下协调一致，同时完成，双托掌短促有力，力达掌心。

60. 弓步挂劈拳（发声“嘿”）

接上势，左脚向左前方上步，左腿屈膝前弓，右腿蹬直，成左弓步；身体左转 90°；同时，右掌变拳经上向左前方挂劈拳，左掌变拳顺势收于左腰侧；目视前方，同时发声“嘿”。（图 147、图 148）

图 147

图 148

要点：

弓步拧腰转胯蹬腿协调一致；挂劈拳快速有力，力达前臂，发声浑厚响亮。

61. 虚步推掌冲拳

（1）接上势，右脚向右前方上步，身体右转；同时，左拳变掌与右拳收于右胸前；目随左掌。（图 149）

（2）左脚向前上步，脚尖点地，成虚步；身体左转；同时，右拳前冲，左掌前推；目视前方。（图 150）

图 149

图 150

要点：

虚步与推掌冲拳上下完整一致。

62. 并步抱拳

(1) 接上势，左脚向后退步，身体右转；同时，左掌变拳，两拳随两臂屈肘收至右肩前；目随右拳。(图 151)

图 151

（2）右脚、左脚相继退步，成并步；身体左转；同时，两拳经上向前下挂出顺势收抱于两腰侧；目视前方。（图 152、图 153）

图 152

图 153

要点：

双挂抱拳沉稳有力，协调一致，并步时两腿伸直站立。

63. 收势

接上势，右脚、左脚相继向前上步，成并步；同时，两拳变掌下垂于身体两侧；目视前方。（图154、图155）

图 154

图 155

四、南拳套路动作运行路线示意图

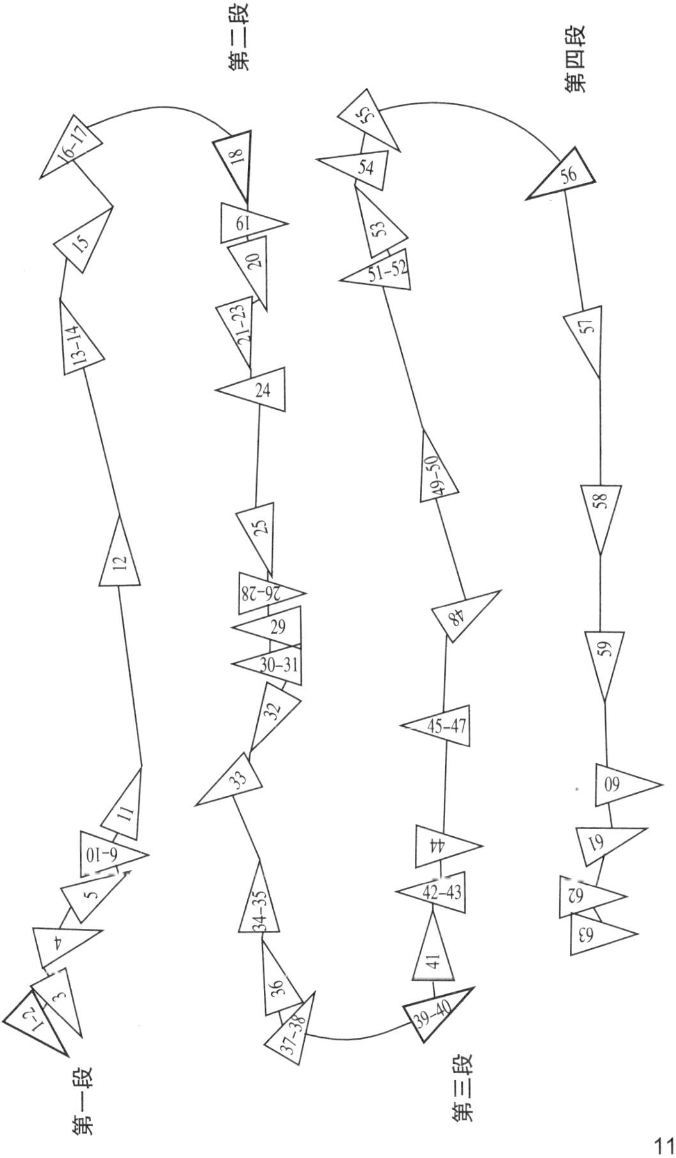

五、南拳套路动作连续演示图

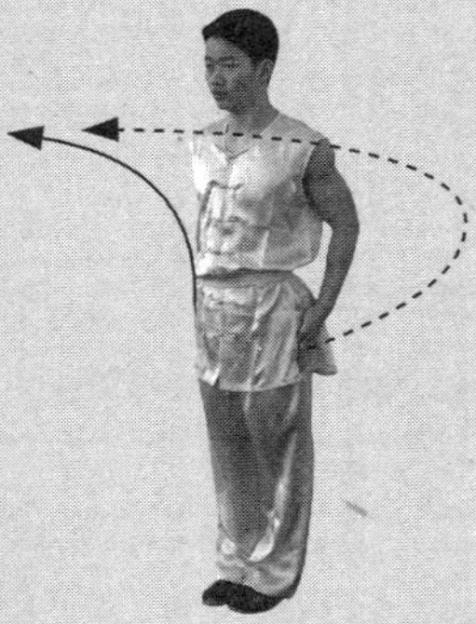
图 1

图 2

图 3

图 4

图 5

图 6

图 7

图 8

图 9

图 10

图 11

图 12

图 13

图 14

图 15

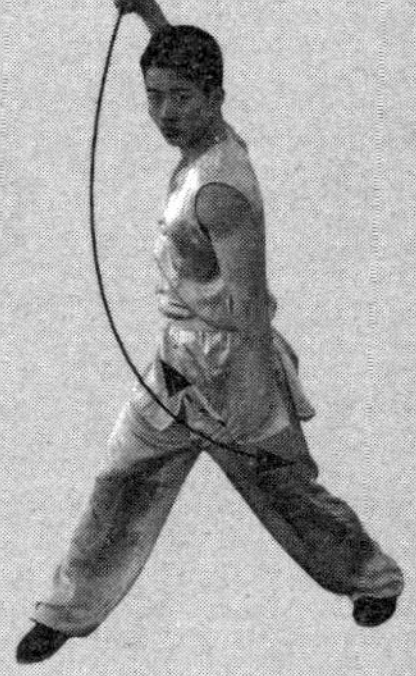
图 16

图 17

图 18

图 19

图 20

图 21

图 22

图 23

图 24

图 25

图 26

图 27

图 28

图 29

图 30

图 31

图 32

图 33

图 34

图 35

图 36

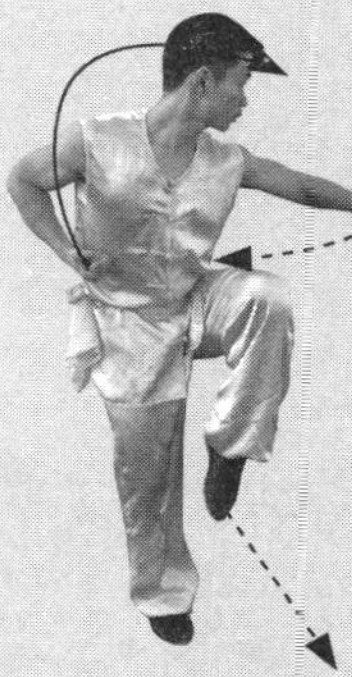

图 37

图 38

图 39

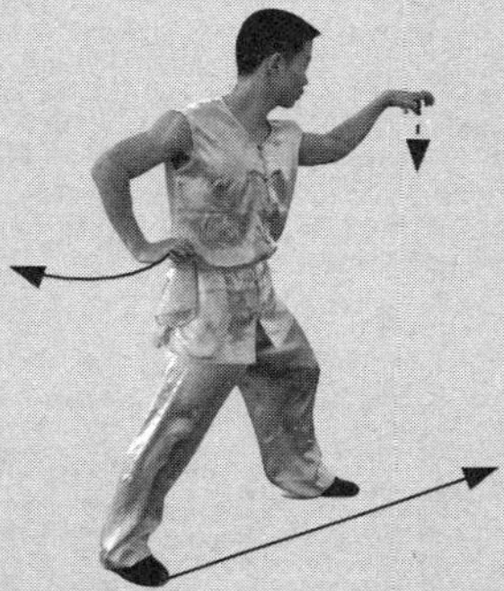

图 40

图 41

图 42

图 43

图 44

图 45

图 46

图 47

图 48

图 49

图 50

图 51

图 52

图 53

图 54

图 55

图 56

图 57

图 58

图 59

图 60

图 61

图 62

图 63

图 64

图 65

图 66

图 67

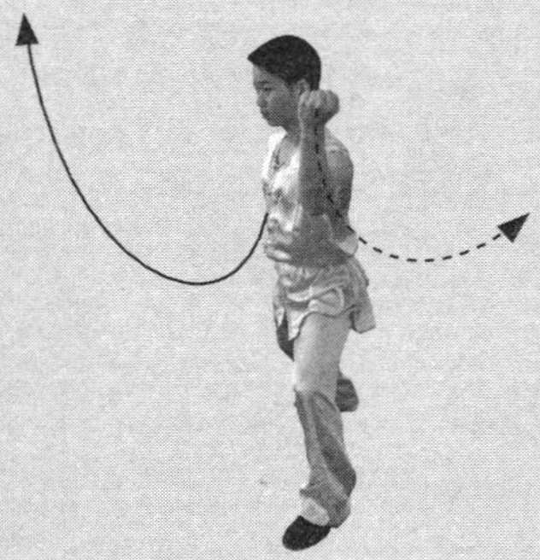
图 68

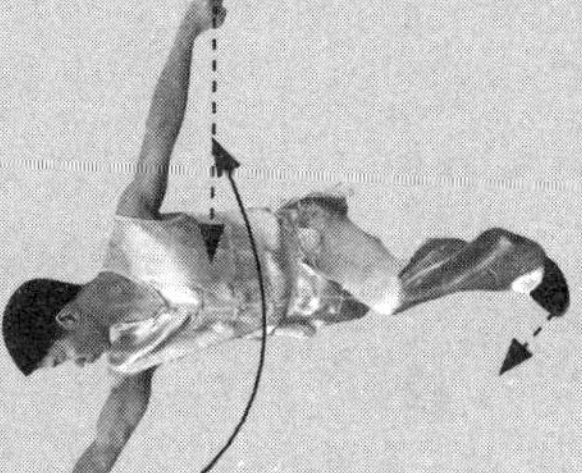

图 69

图 70

图 71

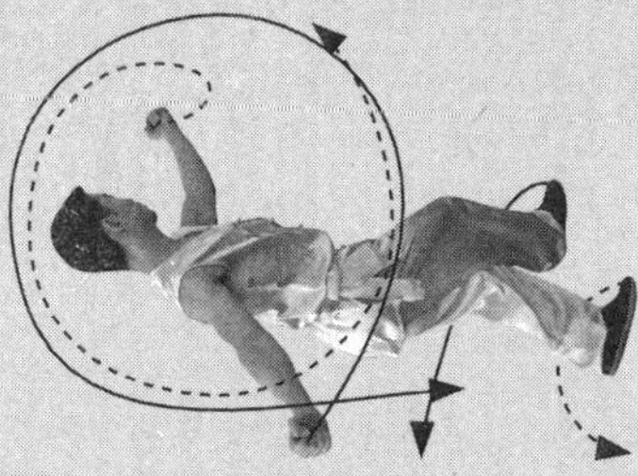

图 72

图 73

图 74

图 75

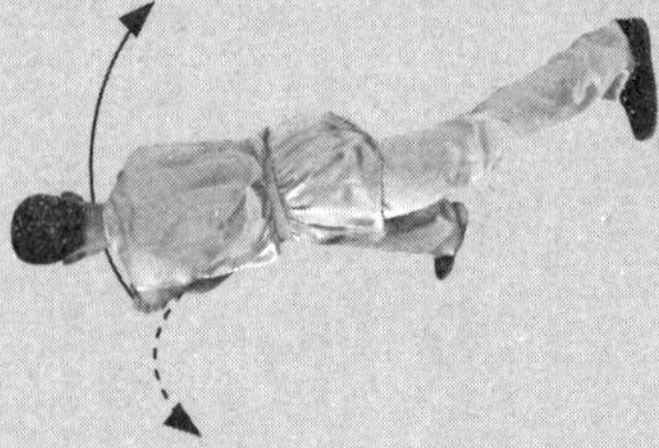

图 76

图 77

图 78

图 79

图 80

图 81

图 82

图 83

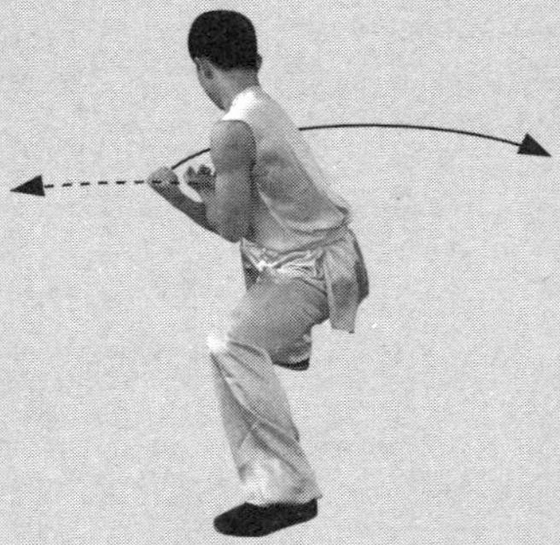
图 84

图 85

图 86

图 87

图 88

图 89

图 90

图 91

图 92

图 93

图 94

图 95

图 96

图 97

图 98

图 99

图 100

图 101

图 102

图 103

图 104

图 105

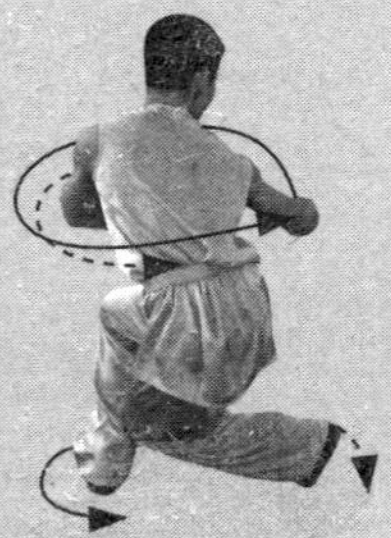
图 106

图 107

图 108

图 109

图 110

图 111

图 112

图 113

图 114

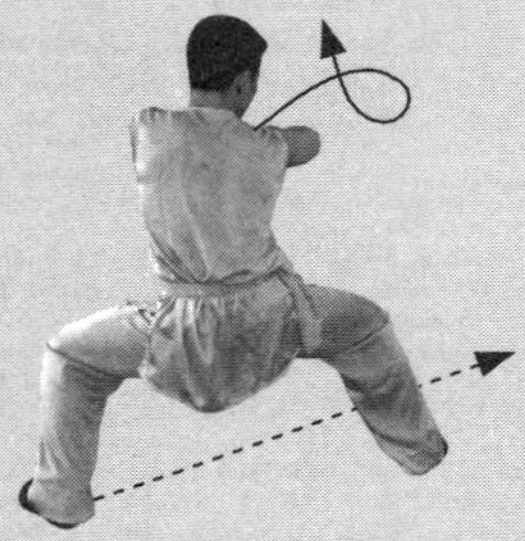

图 115

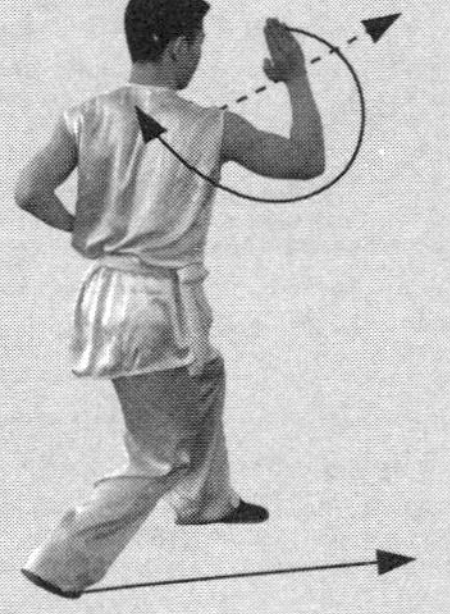

图 116

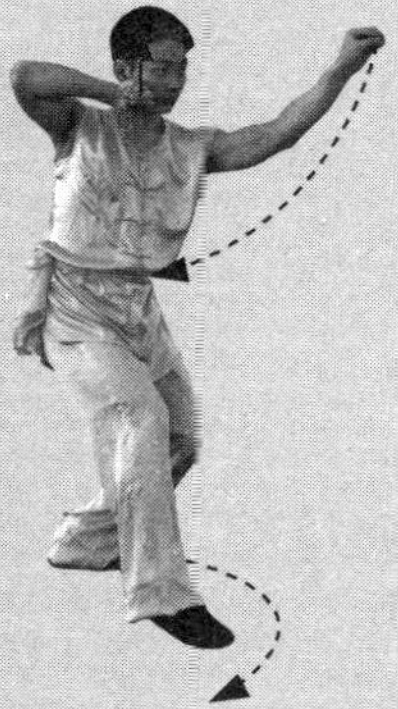
图 117

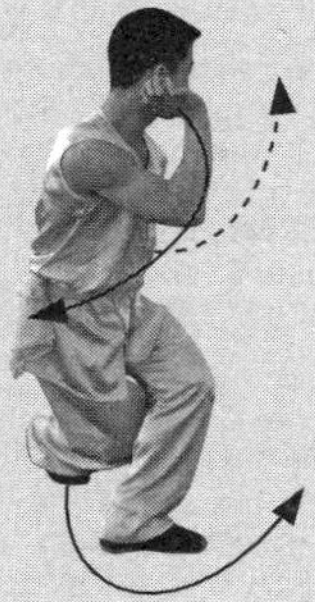
图 118

图 119

图 120

图 121

图 122

图 123

图 124

图 127

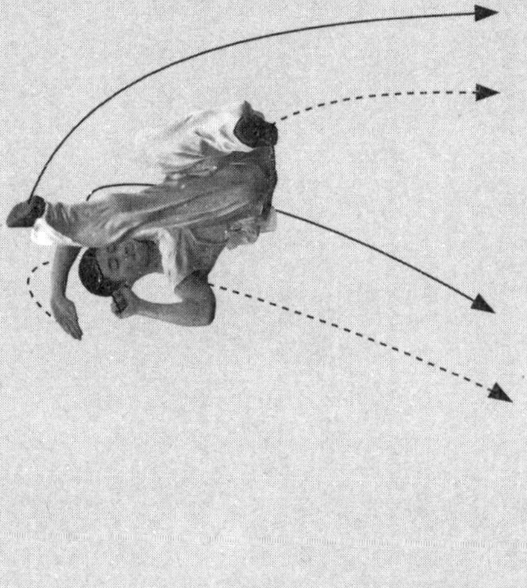

图 126

图 125

图 128

图 129

图 130

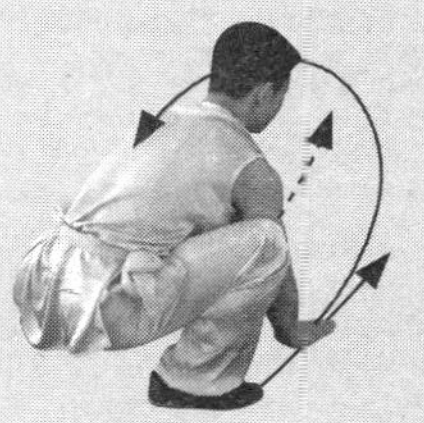

图 131

图 132

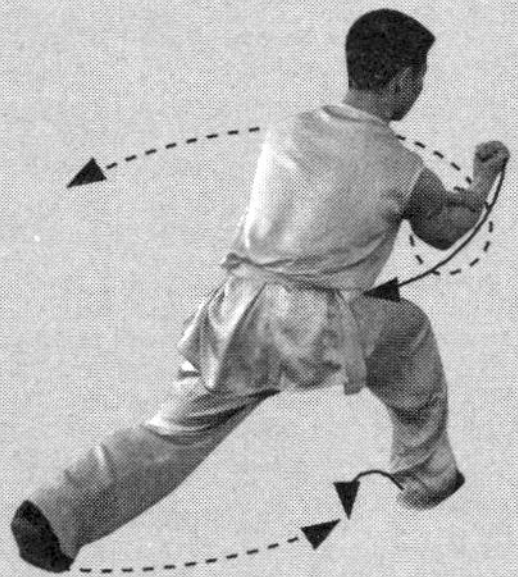

图 133

图 134

图 135

图 136

图 137

图 138

图 139

图 140

图 141

图 142

图 143

图 144

图 145

图 146

图 147

图 148

图 149

图 150

图 151

图 152

图 153

图 154

图 155